AF313360

HOMELIE XXVIII.

POUR
LE DIMANCHE
DANS L'OCTAVE
DU
SAINT SACREMENT
SUR
LA VIELLESSE.

Par M. le Curé de S. Sulpice de Paris.

A PARIS,

Chez RAYMOND MAZIERES, ruë S. Jacques, prés la ruë
de la Parcheminerie à la Providence.

M. DCCVIII.

AVEC APPROBATION ET PRIVILEGE DU ROY.

TEXTE
DU SAINT EVANGILE
SELON SAINT LUC.

EN ce temps-là, Jesus dit aux Pharisiens cette Parabole : **U**n homme fit un grand souper, & y convia plusieurs, & à l'heure du souper, il envoya son serviteur dire aux conviez qu'ils vinssent, parce que tout étoit déja prêt : & tous comme de concert commencerent à s'excuser. Le premier luy dit : j'ay acheté une Terre, & il faut necessairement que je m'en aille pour la voir. Je vous prie de m'excuser. Et le second dit : j'ay acheté cinq paires de bœufs, & je m'en vais les essayer. Je vous prie de me tenir pour excusé. Et le troisiéme dit : je me suis marié, c'est pourquoy je n'y puis aller.

Luc. cap. 14. *v.* 16.

V ij

TEXTE DU S. EVANGILE
SELON SAINT MATHIEU.

EN ce temps-là , Jesus parloit aux Princes des Prêtres , & aux Pharifiens en Parabo-les , difant : Le Royaume des Cieux eft fembla-ble à un homme Roy , qui fit des nôces à fon fils , & il envoya fes ferviteurs appeller les con-viez aux nôces ; & ils n'y vouloient pas venir. Il envoya derechef d'autres ferviteurs, difant : dites aux conviez : voilà que j'ay apprêté mon dîner , mes veaux gras, & mes oyfeaux exquis font tuez, & toutes chofes font prêtes, venez aux nôces. Mais ils ne s'en foucierent pas , & s'en allerent , l'un à fa Maifon de campagne , l'autre à fon trafic; les autres prirent fes fervi-teurs, & aprés les avoir traittez injurieufement ils les tuerent. *Math. chap.* 22. *v.* 1.

HOMELIE

SUR

LA VIEILLESSE.

NTRE toutes les miseres dont le premier peché a flétri nôtre nature, on
peut dire que la Vieillesse n'en est pas
une des moindres, & que nous sommes devenus en cela de pire condition
que le verre même, dit saint Augustin, puisqu'enfin le verre dure des siecles entiers, & ne finit presque jamais, pourveû qu'on ne le casse pas; il ne craint
que cette sorte de destruction, & la Vieillesse est un
mal qu'il ignore. L'homme infiniment plus fragile
est sujet & à être brisé comme le verre, & à perir en
mille autres manieres differentes, & enfin à cesser d'ê-
tre par sa seule durée : *Si vitrei essemus, minùs casus time-*

V iij

Serm. 1. de Verb. Dom.

remus : quid fragilius vase vitreo? & tamen servatur & durat per sæcula : & si enim casus vitreo vasi timentur, senectus ei non timetur. Le seul séjour en cette vie, pour peu qu'il soit long, l'use & le consume. Telle est la condition de la creature, qui porte toûjours dans son fonds un secret penchant vers le neant dont elle est sortie. L'état d'innocence n'étoit pas même exempt de cette mutabilité, si le Seigneur pour en préserver nos premiers parens n'eût mis l'Arbre de vie dans le Paradis terrestre. Le fruit des autres arbres servoit à entretenir en eux la chaleur naturelle, à les préserver de la faim, de la soif, & de l'inanition, *habebat de lignorum fruc-*

L. 1. de pec-cat. merit. C. 1.

tibus refectionem contra defectionem : Mais le fruit de l'Arbre de vie servoit à conserver leur corps dans une vigueur permanente, dans une santé inalterable, dans une jeunesse perpetuelle, qui ne tournoit jamais du côté de la vieillesse, qui ne dépérissoit jamais par aucune vetusté : *Et de ligno vitæ, stabilitatem contra vetu-*

De Civ. Dei. l. 13. c. 20.

statem : alebantur ergo aliis quæ sumebant, ne animalia corpora molestiæ aliquid esuriendo ac sitiendo sentirent : Ainsi ce fruit leur étoit un préservatif, non seulement contre la maladie & la mort, mais encore contre la Vieillesse, qui n'est aprés tout qu'une mort commencée : *De ligno autem vitæ, ne mors subreperet, vel senectus :* Que s'ils vieillirent, & s'ils moururent ensuite pour avoir mangé du fruit défendu, ce n'est pas que celuy-cy fût naturellement un poison ; mais c'est parce qu'en le mangeant ils commirent un crime dont la Vieillesse & la mort furent la punition : de cette façon le fruit de tout autre arbre étoit pour eux un aliment, & le

fruit de l'arbre de vie un ſacrement, ou un ſigne viſible & ſacré de leur dépendance, & de leur obeïſſan-
ce, auquel la mort ou l'immortalité étoit attachée,
& ſous lequel elle étoit comme cachée : *Tanquam cæ-
tera eſſent alimento, illud Sacramento,* toute cette excel- Loc. cit.
lente Doctrine eſt de ſaint Auguſtin.

Le comble de nos malheurs eſt qu'avec la Vieillef-
ſe du corps qui s'affaiſſe, & qui tombe de jour en
jour, nôtre eſprit s'appeſantit de ſon côté, & ſemble
baiſſer avec luy, & tous deux dévenir également im-
becilles : C'eſt pourquoy le Prophete prévoyant cette
deplorable decadence, diſoit dans ſes divins cantiques :
Seigneur, ne me rejettez pas au temps de ma vieilleſſe, & lors que ma vertu diminuera, ne diminuez
pas vos ſecours : ne m'abandonnez pas, mon Dieu,
lorſque mes forces m'abandonneront : *Ne projicias me in
tempore ſenectutis : cùm defecerit virtus mea ne derelinquas me :* Pſ. 70. 9
parce que mes ennemis n'attendent que ce moment
pour ſe prévaloir de ma foibleſſe, & pour inſulter à
mon infirmité : *Quia dixerunt inimici mei, Deus dere-
liquit eum, perſequimini* : Vous qui m'avez appris vos
voyes dés ma tendre jeuneſſe, ne ceſſez pas de m'ac-
corder la même grace dans mon âge avancé : *Deus do-
cuiſti me à juventute mea, uſque in ſenectam & ſenium Deus
ne derelinquas me* : Afin que je puiſſe dire, ajoûte ſaint
Auguſtin ſur cet endroit aprés l'Apôtre ; quand je
parois abbatu, c'eſt pour lors que je me releve. *Cùm in-
firmor tunc potens ſum.*

Ce double état de jeuneſſe & de vieilleſſe ſpirituelle, nous eſt repreſenté dans l'Evangile ſous la parabole

d'un dîner & d'un souper : le dîner est rapporté au Chapitre vingt-deux de saint Mathieu , & le souper au quatorziéme Chapitre de saint Luc : Et comme c'est celuy-cy que l'Eglise nous propose aujourd'huy pour en faire le sujet de nos Meditations , nous nous y arrêterons avec d'autant plus de raison , qu'il convient parfaitement , & au Mystere dont nous celebrons l Octave , & à l'age où nous nous trouvons presque tous icy , vous qui m'écoutez , mes trés-chers freres , & moy qui vous parle , puisque nous avons déja fait les uns & les autres plus de la moitié de nôtre course , que nous sommes dans le declin de nôtre vie , & que n'ayant peut être pas bien usé de nôtre jeunesse , figurée par ce dîner mysterieux , nous devons nous exciter à sanctifier le soir de nôtre âge , representé par le souper Evangelique d'aujourd'huy.

PREMIERE CONSIDERATION

Il est aisé de voir que l'appareil Evangelique de ces deux mysterieux repas, n'est autre chose que l'abondance des graces exterieures & interieures, & des moyens de salut, que la providence prepare aux fideles invitez au service de Dieu & à l'acquisition de la gloire, premierement dans la jeunesse, en second lieu dans la Vieillesse.

En effet voicy celles de la jeunesse qui forment le premier festin : La naissance de parens catholiques, un bon naturel, des inclinations vertueuses , une éducation chrêtienne , des parens pieux , de sages Pedagogues , Confesseurs & Directeurs : des exhortations utiles

les , des reprehenſions , lectures , corrections, & avis
ſalutaires , de bons exemples , des Sacremens offerts
& bien reçus , le Service divin, les Offices de l'Egliſe , la prédication de l'Evangile, ſa force & la facilité de faire le bien ; mais ſur tout des lumieres dans l'eſprit, de ſaints mouvemens dans la volonté , de doux
attraits à la devotion, de l'horreur du peché, des re-
mords de conſcience, des humiliations , des tribula-
tions , & enfin mille autres ſemblables ſecours qui vous
ont été preſentez dés vôtre bas âge , pour vous porter
à la vertu, & pour vous éloigner du vice, & qui ſemblables aux envoyez de cet homme Roy qui fait des noces à ſon fils, vous ont ſollicité de venir à ce banquet
nuptial preparé pour vous : *Miſit ſervos ſuos vocare invitatos ad nuptias* : rien n'y manque, ſoit de ce qui peut
appaiſer la faim, ou exciter l'appetit, ſuſtenter le corps,
ou flater le gouſt : l'abondance & la delicateſſe s'y ren-
contrent à l'envi ; *tauri mei , & altilia occiſa ſunt.* C'eſt
à dire les preceptes & les conſeils, la vie commune
& la vie parfaite, les Loix & les exemples, les Peres
anciens à qui la terre étoit promiſe , & les nouveaux
à qui le Ciel eſt offert : *Qui æternis deſideriis innitentes ,* Ho. 38.
dit ſaint Gregoire , *ad ſublimia contemplationis pennis ſu-
blevantur :* dont la mort precieuſe , miſe devant vous,
altilia occiſa, doit repaître vôtre pieté , *patrum præceden-
tium mortes aſpicite.* Auſſi à la premiere invitation, on
n'avoit rien dit , ſinon, venez aux nôces ; *miſit vocare
invitatos ad nuptias.* A la ſeconde, on y expoſe les viandes exquiſes qu'on a aprêtées : *Tauri mei & altilia occiſa
ſunt.* Voyez quel ſplendide appareil, dit S. Chryſoſtome.

✳ ✳ ✳   X

Vide quàm magnificæ dapes proponantur. Ecoutez le Prophete là deſſus : Ils feront enyvrez de l'abondance des
biens de vôtre maiſon, ô Seigneur; & vous les ferez
boire dans le torrent de vôtre volupté : *Inebriabuntur ab*

Pſ. 38. *ubertate domus tuæ, & torrente voluptatis tuæ potabis eos :* Car
le Seigneur aux predications qu'on ne veut pas en-
tendre, *nolebant venire*, joint les exemples qu'on ne peut
rejetter, *cùm verba ejus audire nolumus, adjungit exempla* :
Toutes ces obſervations ſont de ſaint Gregoire : &
ſans doute que la pieté nous paroît plus aiſée quand
nous la voyons pratiquée par des hommes que nous
ne pouvons pas dire être d'une autre nature que nous,
mais que nous ſommes contraints d'avoüer être de toute autre vertu que nous : *Non naturæ præſtantioris, ſed ob-*
ſervantiæ majoris : & n'avoir pas ignoré les appas du peché, non plus que les aiguillons du vice, mais les avoir
ſurmontez, *nec vitia neſciſſe, ſed emendaſſe :* Ainſi que s'ex-
prime ſaint Ambroiſe. Cependant on vous a envoyé
domeſtiques ſur domeſtiques , Paſteurs , Predica-
teurs, Confeſſeurs, pour vous preſſer de venir à ces nôces , & de prendre part au feſtin : *iterum miſit alios ſer-*
vos dicens : dicite invitatis , ecce prandium meum paravi , &
omnia parata , venite ad nuptias. Sur toutes choſes on a
apprêté ce veau gras ſi celebre, qui fait tout l'honneur
du feſtin, Jeſus-Chriſt comblé d'opprobres, & immo-

L. 2. 99.   lé pour vous ſur le bucher de la Croix : *Vitulus ſagina-*
Evan. c. 32. *tus ipſe eſt Dominus ſecundùm carnem opprobriis ſatiatus :* C'eſt
luy qui repaît parfaitement les conviez par l'oblation
de ſon Corps & de ſon Sang dont il vous a fait un aliment qui vous communiquera une vie ſurnaturelle,

immortelle & divine. *Qui in corpore & fanguine domi-nico offertur Patri, & pafcit totam domum*, dit faint Auguftin. Cependant, malgré tant de follicitations, comme un jeune infenfé, vous avez pour lors refufé de venir : *Et nolubant venire.* Vous avez preferé la terre au Ciel, les affaires frivoles de ce monde, à l'affaire importante de l'autre; le temps à l'éternité, les fuggeftions du demon aux invitations du faint Efprit : *Illi autem neglexerunt, & abierunt, alius in villam fuam, alius verò ad negotiationem fuam.* Au mépris des graces, vous avez ajoûté l'impieté : femblable à ce Prince irreligieux qui n'eut aucun refpect pour le Prophete, qui luy parloit de la part du Seigneur, *nec erubuit faciem Jeremiæ Prophetæ loquentis ad fe ex ore Domini*, vous avez tourné en dérifion les falutaires avertiffemens des ferviteurs de Dieu, *contumelus affectos* : En vain la Sageffe vous a crié dans tous les temps de vôtre vie : Jufques à quand ferez vous un enfant ? *ufquequò parvuli diligitis infantiam?* Vous vous étes moqué de fes confeils, & vous n'avez écouté que vos paffions : vous avez refufé de venir au dîner du Seigneur, venez du moins au fouper qui vous eft preparé de fa part : car il eft écrit : heureux ceux qui font appellez au fouper des nôces de l'Agneau, *beati qui ad cœnam nuptiarum agni vocati funt* : Heureux ceux qui font appellez à la fale du banquet, avant que la porte en foit fermée, & qu'ils en foient exclus pour jamais.

Ne voyez-vous pas que le vice, toûjours en foy déteftable, eft honteux dans les perfonnes âgées, même parmi les plus vicieux ? C'eft ainfi que ces deux

1. Par. 36. 11.

Pro. 22.

Apoc. 19. 9.

X ij

déplorables Vieillards qui voulurent attenter à la pudicité de la chaste Suzanne, quoyque brûlez de la même flâme impure, rougiſſoient de leur commune turpitude : *vulnerati amore ejus, erubeſcebant indicare ſibi concupiſcentiam ſuam.*

Comment pouvez-vous conſerver la volonté de pecher, dans un corps uſé par le peché ? vôtre corps n'eſt plus capable d'intemperance, ny de luxure, & vous ne ceſſez de vous foüiller en eſprit dans ces ſales bourbiers ? c'eſt par une ſemblable reflexion que Sara, cette chaſte Epouſe d'Abraham, diſoit ſagement : Quoy, à preſent que je ſuis âgée, & que mon époux eſt déja vieux, je ſongeray aux plaiſirs de cette vie ? *Poſtquam conſenui, & Dominus meus vetulus eſt, voluptati operam dabo?*

Vous avez éprouvé cent & cent fois les amertumes & les chagrins mortels du vice, & vous ne pouvez ny vous en détromper, ny vous en ſeparer, ny le haïr : Vous y avez penſé perir, & vous y retournez encore ?

A meſure que vous avez avancé en âge, vous avez dû croître en ſageſſe, ſerez-vous plus dépravé dans vos vieux ans, que vous ne l'étiez dans vôtre jeuneſſe ? en vain avoit-on eſperé qu'à la fin de vos jours vous donneriez un frein à vos convoitiſes, elles ſont plus vives dans vôtre declin, que dans leur naiſſance : *Sperabam quòd ætas prolixior loqueretur, & annorum multitudo doceret ſapientiam : ſed, ut video, non ſunt longævi ſapientes, neque ſenes intelligunt ſapientiam ;* il vous reſte peu de temps à vivre, vos cheveux blancs vous avertiſſent qu'il faudra bien-tôt ſe retirer ; cependant loin de reparer le paſſé,

loin de vous hâter à faire de bonnes œuvres, vous mul-
tipliez de jour en jour vos iniquitez, & vous comblez
de plus en plus vôtre meſure. Combien cet ancien Iſ-
raëlite étoit-il plus prudent que vous, quand invité
par un grand Roy à venir demeurer dans ſon Palais,
il luy répondit : quel temps ay-je encore à vivre ſur
la terre, âgé comme je ſuis, afin que je ſonge à flâter
mon gouſt par des mets delicieux, & à aimer le plai-
ſir du boire & du manger, ou celuy de la ſymphonie ?
eſt-ce que cela me convient ſur tout à preſent ? *Num-* 2. *Reg.* 19.
quid vigent ſenſus mei ad diſcernendum ſuave aut amarum ? 34.
aut delectare poteſt ſervum tuum cibus & potus, vel audire
poſſum ultra vocem cantorum & cantatricum ?

Vous devriez à vôtre âge être un exemple de vertu,
& vous êtes peut-être, l'oſeroit-on dire, à ſcandale à
tout le monde, à vos enfans, à vos domeſtiques, à
vos amis, à l'Egliſe : tous ceux qui vous aiment ge-
miſſent en ſecret de vôtre mauvaiſe conduite : Que
vous êtes éloigné des ſentimens du venerable Eleazar,
qui preſſé par un Tyran de violer la Loy du Seigneur,
aima mieux mourir que de tacher ſa vieilleſſe par une
telle perfidie, & de donner un ſi mauvais exemple aux
jeunes gens ! *cogitare cœpit ætatis ac ſenectutis ſuæ eminen-* 2. *Mac.* 6.
tiam dignam, & canitiem, ne multi adoleſcentium decipiantur. 23.

Rien ne doit être plus à cœur que la bonne reputation, que de paſſer pour un homme de probité : comment ne rougiſſez-vous pas d'être regardé comme un
vieux pecheur, d'être décrié dans l'eſprit des gens de
bien, de paſſer pour un infame ? *inveterate dierum ma-*
lorum ? quel éloge pour vous ? *Dan.* 13. 52.

X iij

L'Euchariftie dont vous celebrez en ces jours icy l'inftitution , devroit être en vous une reffource heureufe à vôtre jeuneffe détruite , auffi bien qu'à la vieilleffe qui va bien-tôt achever de tout détruire en vous : elle eft appellée par les Peres , le Levain de l'immortalité , & le contrepoifon à la mort : *Pharmacum imortalitatis , mortis antidotum* , dit faint Ignace le Martyr. Le Prêtre de quelque âge qu'il foit , allant à l'Autel demande pour luy & pour ceux qui affiftent au facrifice , que dans la celebration de ces divins myfteres , fa jeuneffe fe renouvelle : Je m'approcheray , dit-il , de l'Autel du Seigneur , je me prefenteray devant Dieu qui fait refleurir en moy ma jeuneffe : *Introibo ad altare Dei , ad Deum qui lætificat juventutem meam* : & il defire de trouver bien plus excellemment dans le fruit de vie qu'il va manger , que n'en trouvoient nos premiers parens dans celuy du Paradis terreftre , une jeuneffe permanente , un Printemps fans hyver , un Theriaque fouverain contre la défaillance naturelle , un antidote qui le garantiffe de la maladie de la vieilleffe & de la mort : *Ne vel infirmitate , vel ætate , in deterius mutaretur , aut in occafum laberetur* , ajoute faint Auguftin.

La figure de l'Euchariftie , c'eft à dire la manne , préferva les Ifraëlites de toute infirmité dans le defert, que ne devroit pas faire en vous la verité ? le feul attouchement du Corps de Jefus-Chrift fur la terre , & de la frange même de fes habits , gueriffoit les malades , & reffufcitoit les morts , que ne doit pas operer cette chair mêlée avec la vôtre par la Communion ?

L'Euchariſtie priſe indignement a ſouvent cauſé des maladies & abregé les jours des Communians , ſelon ſaint Paul : par une raiſon oppoſée , elle eſt ordinairement un principe de vie & de ſanté quand elle eſt dignement reçuë. Ce Sacrement donne un droit à la reſurrection , il eſt un germe de la vie éternelle, comme il en eſt la figure , diſent les Saints ; & par le changement heureux qui s'y fait d'une ſubſtance corruptible en une incorruptible ; & parce qu'étant compoſé de deux parties , dont l'une eſt viſible & terreſtre , & l'autre cachée & celeſte , il nous apprend par là , que l'homme au milieu même de la mortalité qui l'environne , nourrit en ſon cœur l'eſperance & conſerve le droit à l'immortalité , & en reçoit déja par avance les ſalutaires impreſſions : cependant on ne remarque rien de tout cela en vous , ny force , ny ſanté, ny actions ſurnaturelles , vous recevez un aliment de vie , & de lumiere , & vous ne ſortez jamais de la vieilleſſe qui vous accable , ny des ombres de la mort qui vous couvrent : & de jour en jour vous vieilliſſez de corps & d'eſprit. Vôtre corps ſe courbe & vôtre eſprit ne s'éleve pas.

Dans quel abîme de miſere , de foibleſſe & de corruption le peché n'a-t-il pas jetté l'homme , dit ſaint Auguſtin ! dés ſa plus tendre jeuneſſe , il eſt agité de mouvemens violens contre la vertu , & dans ſa vieilleſſe , croyez-vous peut être qu'il en ſoit exempt ? helas! ſouvent dans une chair qui ſent déja le cadavre , l'émotion du ſang , & le feu des convoitiſes les plus honteuſes ne ſont pas encore éteintes ? dans un corps presque mort , les passions les plus criminelles n'ont jamais été plus vives : *An fortè senectus excepta est ? & in carne vicina cadaveri , sanguis ac membra illicita concupiscentiæ friguerunt ? & à fesso ac propè mortuo jam corpore materies tentationum emarcuit ?* Combien voit-on de vieillards se souiller dans la crapule , & se livrer à l'avidité de leur ventre toûjours insatiable , continuë le même Saint ? *Imò verò tantus est in malis senibus plerumque gurges aviditatis , & insatiabilis gurges ventris , & gutturis ?* On diroit qu'ils ne se remplissent de la liqueur du vin , que pour échaufer & humecter leurs entrailles dessechées , & froides, afin de se rendre plus capables de leurs anciens desordres : *tanta isti vinolentia sepeliantur, quasi ad hoc in eis arida viscera & succo exhausta curventur, ut ad vigorem pristinum reparandum ebrietatis inundatione riganda sint.* Que dire de l'avarice , cette racine funeste de tant de maux ? ne la voit-on pas avec surprise embraser le cœur des vieillards , encore plus aveuglez par la convoitise , que glacez par l'âge, puis qu'ils sont sur le point de perdre incessamment ce qu'ils amassent avec tant d'empressement ? *Quid avaritia , quæ radix est omnium malorum ? nonne in frigidis senibus tantò ad acquirendum ferventiùs inardescit , quantò citiùs relictura est quod acquirit mirabili sanè dementia ?* C'est donc avec grande raison que le Sage nous adresse ces belles paroles : hâtez-vous , dit-il , mon cher frere , hâtez-vous de faire sans délay les bonnes œuvres dont vous étes encore capable : *quodcunque facere potest manus tua instanter operare* ; parce que la mort qui vient vers vous à grands pas , ne vous permettra plus d'agir pour Dieu, ny pour le salut , &

qu'il

Dom. 23. post. Tri. ser. 2.

qu’il n’y aura plus pour vous ny œuvres, ny raiſon, ny
ſageſſe, ny ſcience, quand une fois, elle vous aura ran-
gé ſous ſon Empire, & qu’elle vous aura jetté dans le
tombeau : *quia nec opus, nec ratio, nec ſapientia, nec ſcientia
erunt apud inferos quò tu properas.* Ah! que leChrétien éclai-
ré eſt bien éloigné de negliger un tel avis ! il ména-
ge ſon temps avec une épargne religieuſe, parce qu’il
conſidere combien ſont precieux des momens dont
on peut acheter l’éternité, & qu’il ſçait que la miſeri-
corde ne répand ſes graces que ſur la terre, ſeul &
unique theatre de ſes faveurs, puis qu’elle n’a ny matiere dans le Paradis, ny accés dans l’enfer ; & que
remettre aux approches de la mort à répandre des
larmes ſur ſes pechez, c’eſt, comme dit un Sage, attendre à creuſer un puits pour avoir de l’eau, lorſque
le feu commence à bruler la maiſon.

Ajoutez à cela de nouveaux motifs de crainte & de
reconnoiſſance : au dîner tous ſont indifferemment
conviez. *Miſit ſervos ſuos vocare invitatos ad nuptias.* Nul
ne paroît excepté : auſſi tous ils furent enveloppez dans
le châtiment que meritoit leur commune impieté, *perdidit homicidas illos, & civitatem illorum ſuccendit igni.* Au
ſouper le nombre des conviez diminuë, *vocavit multos* :
marque aſſurée qu’il en étoit reſté pluſieurs en chemin,
qui ayant mépriſé le dîner avoient peri au paravant que
d’arriver à l’heure du ſouper. Remerciez le Seigneur
de n’avoir pas été de ce nombre, & de pouvoir encore
profiter de ce dernier répas ; car, ſelon ſaint Auguſtin,
Seneſtus aliam ætatem non habet quam ſperet. Et un Sage a dit ^{Ep.110. poſt}
il y a long temps, que les vieillards vivent plus de ^{init.}

✳✳✳   Y

mémoire que d'efperance : *Vivunt magis memoriâ quàm
fpe.* Que fi vous dédaignez encore la bonté de celuy
qui vous convie, craignez fa juftice qui vous menace;
quand il vous invitoit au dîner, c'étoit un homme
Roy : *homini Regi :* L'humanité temperoit la grandeur :
quand il vous punira de vôtre orgueil, ce ne fera plus
un homme Roy, ce fera un Roy irrité : *Rex autem cùm
audiffet, iratus eft.* Il vous avoit deftiné une place à fa table, vous vous en étes rendu indigne par le dédain
que vous en avez fait, *nuptiæ quidem paratæ funt, fed qui
invitati erant non fuerunt digni :* la place a été donnée à
un autre : *Ite ergo ad exitus viarum, & quofcunque invene-
ritis, vocate ad nuptias.* Il vous avoit envoyé fes Officiers
pour vous convier au feftin, vous les avez méprifez,
& perfecutez, il vous envoyera fes armées pour vous
perdre ; *miffis exercitibus fuis, perdidit illos.* Vous ceffcrez
d'être à luy, & ces armées ennemies deviendront fien-
nes, & elles ferviront d'inftrumens à fes volontez.
Miffis exercitibus fuis : Malheureux Juifs, dit faint Jerôme, en comparaifon defquels Nabuchodonofor eft
appellé par le Prophete le ferviteur de Dieu : *Miferi
Ifraëlitæ, ad quorum comparationem Nabuchodonofor fervus
Dei dicitur.*

*Ad Nepot.
circ. fin.
Jerem. 25.9.*

SECONDE CONSIDERATION.

Saint Jerôme obferve qu'Abraham eft le premier
qui dans l'Ecriture foit appellé vieux, & qu'avant luy,
il n'eft fait aucune mention de vieilleffe, quoyque
cependant plufieurs dés le commencement du monde

euſſent vêcu beaucoup plus que luy. *Cumque nongentos* *In cap. 3.* *& ampliùs annos ab Adam uſque ad Abraham vixiſſe homi-* *Iſa.* *nes legamus, nullus alius priùs appellatus eſt preſbyter, id eſt ſenex, niſi Abraham, qui multò paucioribus annis vixiſſe con- vincitur.* Quelle autre myſterieuſe raiſon pourroit-on en rapporter, ſinon que ce ſaint Patriarche fut le pre- mier, qui par la circonciſion apprit au peuple de Dieu à ſe dépouiller du vieil homme, & à ſe revêtir du nou- veau, & qui figura par cette ceremonie exterieure, & par ſa foy, le Sacrement de Baptême dans lequel le Fidele prend une nouvelle naiſſance, devient un nou- vel homme, ſe nourrit d'un nouveau fruit de vie, qui dés à preſent le préſerve de la vieilleſſe & de la mort ſpirituelle, ainſi qu'aprés la reſurrection il le préſer- vera de la vieilleſſe & de la mort corporelle, dont cel- le-là eſt le gage, & celle-cy le prix, dit ſaint Augu- ſtin, *Pignus habemus, præmium ſperamus* ; mais puiſque, *In Pſ. 42.* ſelon ce même Pere, la vieilleſſe eſt un mal que tout le *ini.* monde deſire quand on ne l'a pas, puiſqu'enfin per- ſonne ne veut mourir jeune ; & dont tout le monde ſe plaint quand on l'a, puiſque perſonne n'eſt exempt des incommoditez qu'elle apporte, *decrepitam ſenectu-* *Trac. 32. in e* *tem omnes optant antequam veniat, omnes de illa cùm vene-* *Iſa. fin.* *rit murmurant :* Cherchons dans nôtre Evangile de nou- veaux motifs pour nous porter à uſer bien de la vieil- leſſe corporelle, afin qu'elle ne nuiſe en rien à nôtre jeu- neſſe ſpirituelle ; à unir enſemble ces deux extremes, la Vieilleſſe & l'enfance, ſans que l'une préjudicie à l'autre ; à poſſeder tout à la fois une vieilleſſe venera- ble par l'humilité, & une jeuneſſe reſpectable par la

*In Pf. 112.
ini.*

prudence : *fit feneêlus veftra puerilis , & fit pueritia fenilis ,
id eft , ut nec fapientia veftra fit cum fuperbia , nec humilitas
fine fapientia :* à reffembler à la Bien-heureufe Agnés ,
cette illuftre & jeune Martyre, laquelle , dit faint Am-
broife , n'étoit encore qu'un enfant , fi l'on n'eût eu
égard qu'au petit nombre de fes années , mais qu'on
eût jugé être dans un âge tres avancé, fi l'on eût con-
fideré la maturité de fon efprit : *Infantia quidem compu-
tabatur in annis , fed erat feneêlus mentis immenfa.* En effet
felon le Sage , ce qui rend la vieilleffe venerable n'eft
pas la longueur de la vie, ny le nombre des années.
La prudence de l'homme luy tient lieu de cheveux
blancs , & la vie innocente luy donne tous les avanta-
ges de la vieilleffe , fans luy en communiquer les in-
firmitez. Malheur à ceux dont il eft écrit, qu'on verra
mourir comme des enfans les vieillards âgez de cent
ans , & que le pecheur de cent ans fera maudit : *quoniam puer centum annorum morietur , & peccator centum annorum maledictus erit.* Le Prophete alliant ainfi en un même
fujet l'enfance & la vieilleffe , les habitudes inveterées
du pecheur, avec l'imprudente inconfideration du jeune
homme , & fans avoir égard à la longue fuite d'années
qui fe font écoulées depuis fa naiffance jufqu'à fa mort ,
le tranfportant tout d'un coup du berceau dans le fepul-
Job. 10. 19. chre , *de utero tranflatus ad tumulum.* Pour vous preferver
d'une femblable maledietion ,

   Admirez premierement l'infinie bonté de Dieu de
vous avoir attendu à penitence jufqu'au déclin de vôtre
vie, qui dans le langage de l'Ecriture n'eft reputée qu'un
jour : vous avez fermé les yeux de vôtre efprit aux lumie-

res du matin de vôtre âge, lorsque le Soleil de Justice répandoit ses premiers rayons sur vous : vous avez fermé le cœur à la voix du Pere de famille, lors qu'il vous a convié par la voix de ses serviteurs de venir au dîner spirituel de ses graces ; abuserez-vous encore dans vôtre vieilleße du souper spirituel auquel il vous invite ? *Homo quidam fecit cœnam magnam.* Deux paroles, dont l'une doit vous donner de l'esperance, & l'autre de la crainte : de l'esperance, puisque c'est un grand répas ; de la crainte, puisque c'est un dernier repas, *cœnam magnam* : combien de gens ont été enlevez de ce monde aprés avoir méprisé ce premier répas, & avant d'être parvenus à l'heure du second ? combien d'enfans prodigues ayant dissipé leur premier patrimoine ont peri de faim à la suite des animaux les plus immondes, sans être jamais revenus sur le soir de leur vie manger le veau gras chez le Pere de famille ? ils ont été enlevez au milieu de la journée & à la fleur de leur âge, sans qu'il y ait eu de souper pour eux, comme il en reste encore un pour vous. Le Seigneur annonça l'Evangile d'aujourd'huy aux Pharisiens, qui étoient des plus âgez d'entre les Juifs : il s'adresse encore aujourd'huy aux plus vieux d'entre les Chrétiens comme vous : la nuit de vôtre vie s'approche, vôtre derniere heure n'est pas éloignée, & vous ne songez pas à faire un bon usage du peu de temps qui vous reste ? sans cela l'homme n'est-il pas à quelque heure que ce soit, sur le couchant de sa vie ; la mort le saisit à toute heure ; elle tend des pieges anx jeunes gens, elle est à la porte des vieillards, & à quelque âge que vous soyez, vous pou-

vez bien dire à celuy qui vous felicite de vôtre bonne
fauté, ce que faint Paul premier Ermite difoit à faint
Antoine qui le vifitoit : Vous voyez un homme qui
bien-tôt ne fera que poudre : *Vides hominem pulverem
mox futurum :* Et avec raifon, puifque l'Apôtre bien-ai-
mé nous avertit tous en quelque âge que nous foyons,
que nôtre derniere heure eft venuë : *filioli, noviffima hora eft.*

La bien-heureufe Marcelle, cette chafte & pieufe
Dame Romaine, n'ayant demeuré que fept mois dans
le mariage, étant jeune, belle, riche, & de qualité,
ne manqua pas de fe voir recherchée en mariage, &
entr'autres par un des plus riches Senateurs Romains;
& parce que cet établiffement paroiffoit tres-avanta-
geux pour elle, fes parens la preffoient extrememement
d'y confentir, & de ne pas refufer les biens immen-
fes qu'elle trouvoit dans cette alliance : mais elle leur
fit cette fage reponfe, au rapport de faint Jerôme : Si
j'avois deffein de me marier, & que je ne fuffe pas re-
foluë de me confacrer pour jamais à Dieu par une
perpetuelle continence, je voudrois époufer un homme, & non pas des richeffes : *Si vellem nubere, & non
æternæ me cuperem pudicitiæ dedicare, utique maritum quærerem,
non hæreditatem :* Et comme ce Senateur faifant de nouvelles inftances luy eût mandé qu'un vieillard pouvoit
vivre encore plufieurs années, & un jeune homme
finir bien-tôt fes jours : elle luy fit rendre cette répon-
fe pleine d'efprit, qu'elle n'ignoroit pas qu'un jeune
homme pouvoit mourir bien-tôt, mais qu'elle fça-
voit bien auffi qu'un vieillard ne pouvoit pas vivre

long temps : *Illoque mandante poffe & fenes diu vivere , & juvenes citò mori : eleganter lufit : juvenis quidem poteft citò mori , fed fenex diu vivere non poteft.* Voilà où vous en êtes, profitez d'un fi bel exemple, & rougiffez de vous voir furpaffer en vertu par une femme.

Les ouvriers Evangeliques appellez fur le foir à la culture de la vigne du Pere de famille, quoyque les derniers venus au travail, ne laifferent pas d'être re-compenfez comme les premiers, parce que fans qu'on leur eût propofé aucune recompenfe , fans que per-fonne fe fût mis à leur tête pour les conduire, ils obéi-rent à la voix qui les invitoit : ne ferez-vous pas la mê-me chofe fur la fin de vos jours, ne travaillez-vous pas à la culture de vôtre ame, à l'ouvrage de vôtre falut , avant que le Soleil fe couche pour vous?

Dans l'ancienne Loy le Seigneur avoit ordonné qu'on luy offrît deux Sacrifices celebres, le Sacrifice du matin, & le Sacrifice du foir : *unum mane , & alte-* *rum vefpere.* Et il eft marqué que celuy du foir feroit receu de Dieu en odeur de fuavité : *in odorem fuavita-tis* : & que femblable à celuy du matin, il feroit un Holocaufte, c'eft à dire un Sacrifice parfait, perpetuel, & trés-agréable au Seigneur : *Holocauftum juge , in odo-rem fuaviffimi incenfi Domini :* Quel fujet de confola-tion & d'efperance pour vous ! il eft vray que vous ne vous êtes pas offert à Dieu en facrifice dés le ma-tin de vôtre jeuneffe, mais enfin vous pouvez offrir à Dieu le foir de vôtre vieilleffe , & luy confacrer ir-revocablement le peu de temps qui vous refte à vi-vre : Si vous ne pouvez luy offrir une entiere vir-

Exod. 29. 39.

Num. 28. 6.

ginité, vous luy offrirez une inviolable & perpetuelle chasteté, semblable a celle de cette Sainte dont
la pureté reparée surpassa même l'integrité conservée
des Vierges nonchalantes, *quæ virgines ipsas honestate
superavit*, dit saint Gregoire. Comment hesiter à vous
offrir à Dieu en sacrifice, sur la fin de vôtre vie, aprés
que l'Agneau immaculé dont toutes les autres Victi-
mes n'étoient que la figure, s'est offert luy-même en
sacrifice pour vous aux vêpres du monde, ainsi qu'observe Origene sur cet endroit? *Quid ergo magnum faciet
homo, si semetipsum offerat Deo, cui ipse se prior obtulit Deus?*
Comment déliberer de vous presenter à la fin de vos
jours à celuy qui s'est presenté pour vous dés les premiers momens de sa vie, qui s'est presenté à vous dés
les premiers momens de la vôtre?

Le Seigneur s'est toûjours montré jaloux qu'on luy
consacrât les premices de toutes choses: des premiers
epics au printemps; des premiers pains en esté; des premiers fruits en Automne: Vous ne luy avez pas con-
sacré les premieres fleurs de vôtre jeunesse, du moins
consacrez-luy les dernieres productions de vôtre viei -
lesse, & dites-luy dans l'amertume de vôtre cœur, *serò
te amavi pulchritudo, tam antiqua & tam nova, serò te co-
gnovi!* que je vous ay aimé tard, ô beauté si ancienne
& si nouvelle, que je vous ay connu tard!

Une des obligations qu'on impose le plus aux enfans,
& que la nature même leur inspire davantage, est d'honorer leurs parens: ils leur doivent l'honneur, à cause du
Créateur qu'ils leur representent: l'obeïssance, à cause de
leur autorité; le secours, à cause des biens qu'ils ont receu

ceu d'eux ; l'amour, à cause qu'ils font une même chose avec eux ; & Dieu par les Ecritures promet aux enfans, s'ils s'acquitent bien de ces dévoirs, une longue vie , ou une vie multipliée; une bonne reputation, ou une vie honorable; des richesses , ou une vie commode; une heureuse posterité, ou une seconde vie: mais aussi les obligations font reciproques, les parens doivent à leurs enfans, l'éducation, l'instruction, le bon exemple, la correction, l'amour : ils doivent ne leur pas faire embrasser de vocation par des motifs humains & interessez , ne leur point donner de jalousie par des preferences indiscretes; veiller fur leurs déportemens; les offrir à Dieu , & prier pour eux. Or comment les parens s'attireront-ils le respect des enfans, si la conduite des parens n'est pas irreprehensible ? comment les enfans pourront-ils honorer des parens vicieux ? un fils sage & bien né honorer un pere impie, intemperant, avare, vindicatif, colere , impudique ? Comment une fille modeste & retenuë pourra-t-elle honorer une mere adonnée au jeu , au luxe, aux spectacles, à la vanité, à des commerces & à des intrigues suspectes , pour ne rien dire de plus ? c'est donc un effet trés-pérnicieux , & trésordinaire de la vie déreglée de ceux que la nature & l'âge ont mis au dessus des autres , de se rendre méprisables aux jeunes gens, loin de s'en faire honorer , & de demeurer responsables à Dieu des scandales qu'ils leur ont donné, & des déreglemens où ils les ont jettez par leurs mauvais exemples.

Ecoutez le langage des pecheurs, & voyez combien la consideration du peu de temps qu'ils ont à vi-

✻ ✻ ✻

vre leur fait prendre de pernicieufes refolutions , &
courir à bride abatuë dans la route du vice : Livrons-
nous aux divertiffemens , difent-ils , & abandonnons-
nous fans bornes aux plaifirs de la vie, *venite ,fruamur
bonis , & utamur creaturâ tanquam in juventute celeriter :*
Hâtons-nous de gouter tout ce que les creatures ont
de charmes & d'attraits , & qu'aucune fleur n'écha-
pe à nôtre fenfualité : *Nullum pratum fit quod non pertran-
feat luxuria noftra :* couronnons nos têtes de rofes avant
qu'elles fe flétriffent , *coronemus nos rofis antequam marcef-
cant :* mais pourquoy fe livrer ainfi fans retenuë à
leurs convoitifes ? Pourquoy s'abandonner fans mode-
rationà leurs paffions déreglées ? c'eft, ajoutent-ils , parce que le temps de la vie eft court, & que nous voulons
l'employer tout entier à fatisfaire nos fens : *Dixerunt
enim cogitantes apud fe non rectè : exiguum eft tempus vitæ
noftræ , venite ergo, fruamur bonis.*

Ce que ces anciens pecheurs difoient autrefois , c'eft
ce que leurs femblables ont dit dans tous les temps, au
rapport de l'Apôtre : voicy les difcours & les raifon-
nemens de ces infenfez : *manducemus & bibamus :* Ré-
joüiffons nous, difent-ils, beuvons & mangeons , fai-
fons grande chere : mais pourquoy vous plonger ainfi dans les délices ? écoutez-les : C'eft , ajoutent-ils ,
parce que nous mourrons demain , *cras enim moriemur.*
Comment vous mourrez demain , s'écrie faint Auguftin ! recommencez un peu ce que vous avez avancé :
quid ais ? repete. Beuvons & mangeons, me dites vous :
je comprens bien ce difcours flateur : j'entens affez ce
langage : mais qu'avez-vous ajouté : c'eft que nous

Sap. 2.

1. Cor. 15.
32.

In Pf. 70.

mourrons demain : je n'en ſuis plus, continuë ce Pere : vous m'éffrayez au lieu de m'atttirer : *terruiſti, non ſeduxiſti* : ces dernieres paroles troublent la joye que vous vouliez m'inſpirer par les premieres : quel raiſonnement eſt celuy-cy ? mangeons, beuvons divertiſſonsnous, faiſons grande chere ; car nous mourrons demain : Quelle extravagance, quel renverſemeut de bon ſens ? Et moy je dis au contraire, jeûnons & prions aujourd'huy, parce que nous mourrons demain : *Audi contra à me : imò jejunemus, & oremus, cras enim moriemur.*

* Que ſi les pecheurs tiennent ce langage, & ſe laiſſent aller à de tels ſentimens, leur chef, c'eſt à dire le demon, n'eſt pas rempli d'un autre eſprit, ny frappé d'un moindre aveuglement : chaſſé du Ciel, plein de dépit, de deſeſpoir & d'envie, il va décharger ſa rage ſur les hommes, & ſe donner la triſte ſatisfaction d'avoir des ſemblables, il veut envelopper s'il peut le genre humain dans ſa ruine, & ne ſe voir pas du moins perdu tout ſeul : Malheur à la terre, liſons-nous dans l'Apocalypſe, aprés la chute de cet Ange apoſtat, malheur à la terre & à la mer, malheur aux hommes, *Apoc.12.11.* parce que le diable plein de rage & de fureur va comme un éclair fondre ſur eux : *Væ terræ & mari, quia deſcendit diabolus ad vos habens iram magnam :* mais d'où vient qu'il ſe précipite avec tant de rapidité pour perdre les hommes, c'eſt dit le Texte ſacré, parce qu'il ſçait q il luy reſte peu de temps à les tenter : *Sciens quia moa.cum tempus habet.*

Quoy, les impies s'empreſſent de ſe plonger dans leurs delices criminelles, parce que leur mort n'eſt pas éloignée ? le diable fe hâte de travailler à la perte des ames, parceque le temps du dernier jugement approche ? & vous, déja fur le bord de la foffe, vous ne fongez ny à cette mort qui s'avance à grands pas, ny à ce jugement qui vous ménace de fi prés ? vous remettez toûjours l'affaire de vôtre converfion à un autre temps, comme s'il vous en reftoit beaucoup, ou que vous en fuffiez le maître?femblable à S. Auguftin, pour lors affoupi comme vous l'étes, vous ne ceffez de dire avec luy': demain, demain, *cras & cras* : encore un peu, encore un peu : mais ce demain ne venoit jamais, & ce peu de temps ne finiffoit point : *Sed modò & modò non habebant modum, & fine paululum in longum ibat.* Vous avez moins de defirs pour les biens éternels, que les méchans n'ont d'ardeur pour les biens temporels : vous avez moins de zéle pour vous fauver, que le demon n'a de rage pour vous perdre. Ne craignez-vous point de devenir enfin femblable à ces deux infenfez vieillards qui refolurent de ne pas regarder le Ciel, pour mieux oublier celuy qui l'habite, *declinaverunt oculos fuos ut non viderent cœlum.*

Dan. 11. 9.

TROISIE'ME CONSIDERATION.

Puifque le foir de vôtre vie eft arrivé, & que c'eft icy l'heure du fouper, *hora cœnæ*, que ne fongez-vous donc à profiter des derniers momens, qui vous reftent & à demander à Dieu, que fi vous avez paffé le matin de vos années dans les tenebres, vous obteniez au moins de fa bonté des vêpres lumineufes, luy di-

sant avec l'Eglise : Seigneur, à present que le Soleil visible va se coucher pour moy, répandez sur mon ame
vos clartez éternelles qui ne se couchent jamais, afin
que je ne passe point de la nuit obscure de cette vie ,
dans l'ombre de la mort de l'autre : mais qu'à la lumiere de vôtre grace que je vous demande, succede
le plein jour de vôtre gloire que j'espere : *Largire cla-*
rum vespere quo vita nusquam decidat , sed præmium mortis
sacra perennis instet gloria : Et faites, Seigneur, que mort
au monde , je vive à vous : *ut defunctus sæculo tibi vi-*
vam. Quelle pitié ! le monde est mort pour vous &
le monde n'est pas mort en vous.

2º. A la consideration des vêpres de vôtre vie , ajoû-
tez celle de l'espece de festin auquel vous étes convié :
C'est un souper , *homo quidam fecit cœnam :* C'est à dire
le dernier repas de la journée. Le mépris que vous
avez fait du premier , doit vous porter à faire un bon
usage du second, de peur enfin que bien-tôt tout repas ne soit passé pour vous. En effet le dîner est suivi
du souper, mais le souper n'est suivy d'aucun répas ,
il est la derniere refection de la journée , aprés quoy
il ne reste plus que le coucher. Vous avez été sourd
à la voix de ceux qui vous ont convié au dîné spirituel des graces du Seigneur lors de vôtre jeunesse ,
ne le soyez pas dans vôtre vieillesse à ceux qui vous
pressent de venir au souper auquel il vous invite, auquel il vous offre encore de nouveaux moyens de salut : *homo quidam fecit cœnam , & misit servum suum hora*
cœnæ dicere invitatis ut venirent , quia jam parata sunt om- *Apoc.3. 10.*
nia. Ne differez pas davantage : car il est écrit : Voicy,

Z iij

je fuis à la porte, & je frappe : *Ecce, fto ad oftium , &*
pulfo : Si quelqu'un écoute ma voix , & m'ouvre la
porte , j'entreray chez luy , & je fouperay avec luy ,
& il foupera avec moy : *Si quis audierit vocem meam , &*
aperuerit mihi januam , intrabo ad illum , & cænabo cum il-
lo , & ipfe mecum. Quel bonheur pour vous d'être encore appellé au fouper des nôces de l'agneau ! *Beati*
qui ad cænam nuptiarum agni vocati funt! Mais fi vous re-
fufez d'ouvrir au Seigneur, & qu'il s'en aille, où le
chercherez-vous ? Ces excellentes reflexions font pri-
fes de faint Gregoire, dont voicy les paroles dans l'Of-
fice d'aujourd'huy : qu'eft ce que nous infinuë l'heure
du fouper Evangelique, dit ce grand Pontife , finon
la fin du monde pour nous ? *Quid hora cæna , nifi finis*
mundi? Si donc l'heure où nous fommes à prefent eft
l'heure du fouper , ne devons nous pas d'autant moins
nous excufer de venir à ce divin banquet , que nous
fentons davantage approcher la fin de nôtre journée ? *Si ergo jam hora cænę eft cùm vocamur, tantò minùs de-*
bemus, nos excufare à convivio Dei , quantò propinquaffe jam
cernimus finem fęculi : Car plus voyons-nous que ce qui
nous refte à vivre, eft peu de chofe, plus devons nous
craindre que le temps de grace qui nous eft prefente-
ment offert, ne finiffe pour nous : *Quo enim penfamus ,*
quia nihil eft quod reftat , eo debemus pertimefcere ne tempus
gratiæ quod præftò eft , pereat. De là vient que le feftin du
Seigneur auquel nous fommes conviez aujourd'huy,
s'appelle tres convenablement un fouper, & non pas un
dîner : *Idcircò autem hoc convivium Dei , non prandium ,*
fed cæna vocatur : parce qu'aprés le dîner, il y a encore

le souper à attendre, au lieu qu'aprés le souper il ne reste plus aucun repas à venir, *quia post prandium cœna restat, post cœnam vero convivium nullum restat.*

3°. Voicy une nouvelle raison. Vous avez abusé des premieres graces figurées par les mets du premier festin de vôtre vie, *tauri mei & altilia occisa* : de ce bon naturel, de ces inclinations vertueuses, de cette sage éducation, des bons exemples, des instructions & des reprehensions, des sacremens, des lumieres dans l'esprit, des bons mouvemens dans le cœur, de la force & de la facilité pour faire le bien, des sollicitations exterieures & interieures à la vertu ; des moyens de salut qui vous étoient offerts ; toutes ces choses ont été inutiles, vous avez secoüé le joug du Seigneur, méprisé ses loix, refusé de venir au banquet qu'il vous avoit preparé : vous avez dépoüillé cette robe d'innocence, dont vous aviez été revêtu dans le Baptême, & qu'on vous réprefentera, lors qu'accusé devant le souverain Juge, on vous dira en vous la montrant, ce que le saint Diacre Muritta disoit à l'Apostat Elpidifore qu'il avoit levé des fonts, & qui persecutoit les Fidelles. *Hæc sunt linteamina, hæc te immaculatum cin-* *xerunt de fonte surgentem :* En un mot, vous avez prodigué vôtre patrimoine, méprisé les sollicitations de ceux qui vous pressoient de la part du Pere de famille de venir à son dîner ; voulez-vous encore en faire autant de son souper ? de ces secours qui vous sont offerts à la fin de vôtre vie ? Vous avez encore tout vôtre esprit, des lumieres, de bons mouvemens, de sages & d'experimentez Directeurs, des forces suffisantes

Victor. Viten. l. 5. n. 9.

pour faire penitence, & pratiquer les bonnes œuvres, la priere, l'abstinence, l'aumône, la lecture, les conferences avec les serviteurs de Dieu, les forces corporelles. Que si vous differez encore, vous deviendrez dans peu incapable de toutes ces choses : vos forces diminuëront, vôtre santé s'affoiblira, l'âge décrepit vous accablera, vous serez hors d'état de pratiquer les exercices de pieté : Car, comme observe saint Jerôme, tout diminuë peu à peu dans les vieillards, & insensiblement ils deviennent inhabiles à toutes les fonctions de la vie spirituelle, aux jeûnes, aux veilles, aux pelerinages au travail des mains ; ils ne sçauroient plus coucher sur la dure, visiter les malades, défendre la veuve & l'orphelin, exercer l'hospitalité, vaquer avec instance & perseverance à l'oraison : *In senibus decrescunt jejunia, vigiliæ, chameuniæ, id est, super pavimentum dormitiones, huc illucque discursus, peregrinorum susceptio, defensio pauperum, instantia orationum, & perseverantia, visitatio languentium, labor manuum, unde præbeantur eleemosynæ :* au contraire, quand on a pris de longue main de saintes habitudes, qu'on s'est appliqué dés sa tendre jeunesse à la lecture des Livres saints, à l'étude de la Loy de Dieu, à la méditation des grandes veritez de la Religion, & des maximes de l'Evangile, on en recueille les doux fruits dans sa vieillesse, continuë le même Pere : *Senectus verò rursus eorum qui adolescentiam suam honestis artibus instruxerunt, & in Lege Domini meditati sunt die ac nocte, ætate fit doctior, usu tritior, processu temporis sapientior, & veterum studiorum dulcissimos fructus capit.* En voicy un exemple aussi celebre qu'édifiant,

Domi-

fiant , rapporté par Euſebe.

Aprés les perſecutions generales de Neron , & de *l. 3. c. 32.* Domitien contre toute l'Egliſe , dit cet Auteur , il s'en éleva de particulieres en diverſes Provinces, & entre-autres dans la Paleſtine , contre ceux ſpecialement qu'on croyoit être de la race Royale de David : Saint Simeon Evêque de Jeruſalem , & parent proche du Sauveur , fut pris en cette qualité : Il étoit pour lors âgé de ſix vingts ans. On l'arrêta , & on le mit entre les mains des bourreaux , afin de luy faire abjurer la Foy , & renoncer à Jeſus-Chriſt : mais ce ſaint Prélat , quoy-que décrepit , endura des tourmens atroces pendant pluſieurs jours , *per multos dies acerbiſſimis tormentis excru-ciatus* , ſans que rien fût capable d'ébranler ſa conſtan-ce. Le Proconſul & tous les aſſiſtans étonnez , ne pou-vant comprendre comment un homme âgé de ſix vingts ans pouvoit ſupporter avec tant de fermeté des ſupplices ſi cruels , ſans ſe ſoumettre à ce qu'on vouloit de luy : *Adeò ut & Conſularis ipſe & omnes qui aderant , magnopere mirarentur , quâ ratione vir centum ac viginti annos natus , tot tormenta perferre potuiſſet.* Enfin le courage de ce ſaint Vieillard triompha de l'inhu-manité de ces impies , le Juge le condamna à mou-rir en Croix , ce qui fut executé , *tandem ſerò ſententiâ ju-dicis cruci ſuffixus eſt.*

Demandez donc à Dieu qu'il vous rende participant d'une telle force : priez-le qu'il renouvelle vôtre jeu-neſſe comme celle de l'Aigle. *Renovabitur ut aquila juventus tua.* On aſſure que l'Aigle , dit ſaint Auguſtin , devenuë languiſſante par l'âge , & par l'excreſcence de

son bec & de ses ongles, qui l'empêchent de déchi-
rer la chair des animaux dont elle se nourrit, attenuée
par la vieillesse & par la faim, reprend ses premieres
forces en cette maniere : *Dicitur aquila quòd cùm prægra-*
vata fuerit languore senectutis & immoderatione rostri cres-
centis, cibum capere non possit, languescat nimis utraque re, æta-
te & egestate accedente. Elle s'en va sur de hautes mon-
tagnes chercher une pierre aiguë & tranchante, contre laquelle par un secret instinct, elle frote son bec,
& ses ongles, jusqu'à ce qu'elle en ait fait tomber la
corne superfluë, aprés quoy s'élevant en l'air elle fond
sur sa proye, elle s'en nourrit, & reprend ainsi avec
de nouveaux alimens, de nouvelles forces : il se fait
en elle une espece de resurrection : & ce n'est plus le
même oyseau : *Omnia reparantur, redit vigor omnium*
membrorum, nitor plumarum, gubernacula pennarum, volat
excelsa sicut antea, fit in ea quædam resurrectio, nobis similiter
crevit vetustas. Qu'il en soit ainsi spirituellement de
vous : Cherchez Jesus-Christ cette pierre mystique,
petra autem erat Christus; unissez-vous à luy ; faites tomber à ses pieds le vieil homme qui vous appesantit,
gravat quasi pondus tunica cujusdam, & quasi senecta veteris
hominis, continuë saint Augustin : déchargez-vous du
fardeau de vos pechez anciens : guerissez-vous du dé-
goust où vous étes des alimens spirituels : nourrissez-
vous du pain de la verité, & vous reprendrez vôtre
premiere force, vous vous renouvellerez comme l'Aigle.

Imitez encore cet autre oyseau de proye, qui fati-
gué de son vieux plumage, étend ses ailes, & ouvre

ſon ſein au ſouffle benin & doux du vent du midy , qui luy fait tomber ſes vieilles plumes , & luy en fait pouſſer de nouvelles , leſquelles loin de l'appeſantir comme les anciennes , ſervent au contraire à l'élever en haut , & à le ſoutenir dans les airs , qu'il fend enſuite avec vîteſſe : gemiſſez du poids de vos anciennes inclinations , ouvrez le cœur aux inſpirations amoureuſes du ſaint Eſprit , défaites-vous de vos vieilles habitudes , prenez de nouveaux ſentimens de vertu , élevez vous au deſſus du monde , & de tout reſpect humain , ne regardez plus que le Ciel , & vous deviendrez un nouvel homme. Telle eſt l'explication de ſaint Gregoire ſur ce paſſage de Job : Eſt ce par vôtre ſageſſe que l'Epervier change de plumage ? *Quid* *eſt accipitrem in auſtro plumeſcere , niſi quod unuſquiſque ictus flatu Spiritus ſancti, concaleſcit, & uſum vetuſtæ converſationis abjiciens , novi hominis formam ſumit : penna namque veteris converſationis gravat , & pluma novæ immutationis ſublevat.* *Lib. 31. Moral. in c. 39.*

C'eſt enfin de cette ſorte , au rapport de ſaint Auguſtin , que le ſerpent toûjours prudent , ayant paſſé l'hiver dans l'engourdiſſement , & dans une eſpece de mort , commençant à ſentir la chaleur du Soleil , qui revient au Printemps échauffer la terre , ſort de ſa caverne , reprend comme une nouvelle vie , & pour ſe dépoüiller d'une tunique épaiſſe dont la nature l'avoit revêtu contre le froid , il ſe preſſe entre deux pierres , & ſe ſerre dans ce paſſage étroit , afin de s'y dépoüiller de cette vieille peau , aprés quoy il ſort , & paroiſt au dehors plus vigoureux , & plus plein de vivacité

que jamais, car c'est là le caractere du serpent, ajoûte le même Pere : *Serpens vivacitate quadam sensus excellit:*
Tel est le symbole de la renovation interieure du Chré-
tien. Sortez de dessous le poids de vos inclinations ter-
restres, soyez fidelle à la grace du Soleil de justice qui
vous échaufe, pressez-vous d'entrer dans la voye étroi-
te, qui conduit à la vie, afin de vous y dépoüiller du
vieil Adam, & vous redeviendrez un nouvel homme,
vous reprendrez une nouvelle vie : *Imitare astutiam ser-*
pentis : quid enim facit serpens ut exuat se veterem tunicam?
coarctat se per foramen angustum : & ubi, inquis, invenis
hoc foramen angustum? audi : arcta & angusta est via quæ
ducit ad vitam. Ibi ponenda est vetus tunica, alibi poni non
potest. Vous paroîtrez une nouvelle creature, & quelque vieux que vous soyez, vous rentrerez encore une
fois dans le sein de vôtre mere pour y recevoir une
seconde naissance : Et ne dites-pas : comment cela se
peut-il faire? *quomodo possunt hæc fieri?* Car vous appren-
drez par experience ce qu'un Maître ancien dans Is-
raël ne sçavoit pas autrefois : *Quomodo potest homo nasci*
cùm sit senex? Tels sont les symboles de la réparation
du nouvel homme, que vous devez demander, de la
jeunesse spirituelle à laquelle vous devez aspirer, quelque âgé que vous soyez, de vôtre parfaite renovation
en Jesus-Christ à laquelle vous devez travailler.

Soyez du nombre des veritables regenerez en Jesus-
Christ, de ceux qui entrent vieux dans les fonts du
Baptême, & qui en sortent jeunes : *Veteres intraverunt,*
novi exierunt : de ceux qui viennent avec des cheveux
blancs, & qui s'en vont transformez en des enfans :

Senes intraverunt, infantes exierunt, dit saint Auguftin. Ah! qu'heureux & digne de toute loüange, s'écrie saint Jerôme, eft celuy que la vieilleffe à fon arrivée trouve appliqué au fervice de Jefus-Chrift! *Felix & omni dignus beatitudine quem feneĉtus Chrifto occupat fervien-tem.* Qu'heureux eft celuy que fon dernier jour trouve combatant pour fon Sauveur! *Quem extrema dies Salva-tori invenit militantem.* Un tel homme ne fera point confondu, lors qu'au fortir de cette vie, & comme à la porte de ce monde à l'autre, il parlera à fes en-nemis : *non confundetur cùm loquetur inimicis fuis in porta.*

Traĉt. in Epift. Joan-ni.

Ep. ad Julia. p. 753.

QUATRIE'ME CONSIDERATION.

Mais la fuite la plus funefte, comme la punition la plus jufte, la plus ordinaire, & la plus rigoureufe de l'abus qu'on a fait des graces dans la jeuneffe, eft la diminution & la fouftraĉtion des mêmes graces dans la vieilleffe, ainfi que l'Evangile nous l'infinuë affez dans les deux repas, ou les deux Paraboles que nous expliquons aujourd'huy.

Premierement, le dîner fe fait par un Roy : *Simile eft Regnum Cælorum homini Regi qui fecit prandium :* Le fouper fe fait par un particulier : *Homo quidam fecit cœ-nam.* Or autant qu'il y a de difference entre un feftin préparé par l'ordre d'un grand Prince, & celuy que fait un particulier ; autant y en a-t-il entre l'abondan-ce des graces dont Dieu vous a comblé lors de vos jeu-nes ans, & les fecours qu'il vous préfente dans vôtre âge avancé. Voyez quel fut le repas dont Affuerus vou-

lut regaler les Officiers de fa Couronne : Il eft écrit
qu'au commencement de fon Regne , ce grand Mo-
narque fit un feftin magnifique aux Princes de fa cour,
aux Gouverneurs de fes provinces & aux Generaux
de fes armées , pour faire éclater fa gloire & les richeffes de fon empire , *ut oftenderet divitias gloriç Regni fui* :
Que de viandes excellentes , de mets exquis , de diver-
fitez d'alimens ne furent pas fervis aux conviez ? La
chofe furpaffe tout ce qu'on en pourroit dire. L'abondance , la délicateffe , la rareté , tout s'y trouva : il en
a été ainfi du dîner fpirituel de vôtre jeuneffe : Combien le Seigneur a t-il pour lors verfé de graces fur
vous ? combien vous donna-t il de bons mouvemens,
de faintes penfées , de falutaires infpirations ? le nombre en eft infiny : mais à prefent les chofes ont changé , les vifites du Seigneur font rares , les fecours me-
diocres , les refolutions foibles , les illuftrations paf-
fageres : en forte que vous pouvez bien dire avec le faint
homme Job : que font devenus ces premiers jours , ces
jours heureux aufquels le Seigneur veilloit à ma confer-
vation? Lorfque fa clarté reluifoit fans difcontinuation
fur ma tête , & qu'à la faveur de ce flambeau je mar-
chois en affurance au milieu des tenebres : *Quis mihi*
tribuat ut fim juxta menfes priftinos , fecundùm dies quibus
Deus cuftodiebat me ? quando fplendebat lucerna ejus fuper ca-
put meum, & ad lumen ejus ambulabam in tenebris ? Tel que
j'étois au temps de ma jeuneffe , lors que je fentois
prefent le Tout-puiffant dans mon tabernacle , & que
je joüiffois en fecret de fes confolations interieures.
Sicut fui in diebus adolefeentiæ meæ , quando fecretò Deus erat

in Tabernaculo meo, quando erat omnipotens mecum. Tout cela s'en eft allé. Tout cela a difparu pour vous, vôtre
foy n'eft plus vive, ny vôtre efperance animée, ny
vôtre charité agiffante : ces excellentes & fi neceffai-
res vertus font comme éteintes en vôtre ame : vous
étiez autrefois une terre favorifée de la rofée du Ciel,
& de la chaleur du Soleil, vous étes maintenant comme un heritage abandonné, aride, & infructueux :
autrefois affis à la table du vray Affuerus, vous vous
nourriffiez de mets délicieux & abondans, à prefent
à peine avez-vous du pain. Ce n'eft plus le dîner d'un
Roi, c'eft le fouper d'un homme du commun.

2°. En fecond lieu le dîner eft préparé pour le fils
d'un Roy, pour l'heritier préfomptif de la Couron-
ne : *Simile factum eft regnum cœlorum homini regi qui fecit...*
prandium filio fuo : Le fouper eft préparé pour un amy :
homo quidam fecit cœnam magnam, & vocavit multos : Jugez de la difference d'un repas preparé pour un Prince, & d'un repas préparé pour un ami ; ce n'eft plus
la même chofe : les préparatifs, les alimens, les fer-
vices diminuënt à proportion. Ainfi en eft-il des graces
que Dieu vous a fait dans vôtre jeuneffe : c'étoit un
dîner de Roy, & de celles qu'il vous offre dans vôtre
vieilleffe, ce n'eft qu'un fouper d'ami, les dons, les
fecours, les moyens de falut, ne font plus les mêmes.

3°. Voicy une nouvelle obfervation prife de l'Evangile : le dîner étoit un banquet nuptial, tout y ref-
piroit le faint amour, la facrée dilection, l'union in-
time, la joye fpirituelle, *fimile factum eft regnum cœlorum*

homini Regi qui fecit nuptias filio suo. La communication
des biens s'y trouvoit jusqu'à la profusion : Car selon
les Docteurs , la magnificence éclate & s'exerce par-
ticulierement dans les Ouvrages qui durent toûjours,
comme dans les grands édifices , & dans les fêtes qu'on
ne fait ordinairement qu'une fois pendant la vie , comme sont les mariages : jugez donc quelle est la magnificence d'un Roy dans le mariage d'un fils ? jugez quelle fut la liberalité du Seigneur , quand il épousa vôtre ame dans la foy du Baptême , de quels précieux
Ornemens il vous révêtit , de quelles pierreries il
vous orna , de quels bienfaits il vous combla ? que
sont devenuës toutes ces richesses ? cette robe d'innocence ; ce sel mysterieux qui devoit vous préserver de
la corruption , être le symbole de la sagesse celeste qu'on
vous conferoit , & vous donner le goust des biens ce-
lestes ? cette lumiere qu'on vous mit en main , qui
vous imposoit l'obligation , & qui figuroit la grace
qui vous étoit donnée de mener une vie exemplaire,
& de reluire en bonnes œuvres ; cette adoption spirituelle qui vous fit mettre au rang des enfans de Dieu,
cette onction mysterieuse qui devoit vous donner la
force de combattre & de vaincre les ennemis de vôtre
salut , le monde , le diable & la chair ; ce nouveau
nom qu'on vous imposa , qui vous fut une arche & une
assurance que vous deviez être écrit dans le Livre de
vie ? Tel fut le festin nuptial dont le Roy celeste vous
honora : *Simile factum est Regnum Cælorum homini Regi
qui fecit nuptias filio suo.* N'attendez rien de semblable
dans le souper de vôtre vie , on vous offrira à la verité

té des secours necessaires, pour venir à ce dernier repas, on vous y présentera des mets suffisans pour y recouvrer la vie, la force & la santé; mais ils seront médiocres : cette abondance, cette profusion, cette magnificence ne s'y trouveront plus, à moins que par un Baptême laborieux vous ne répariez le Baptême gratuit dont on avoit autrefois purifié vôtre ame ; c'est à dire si vous ne versez plus de larmes en pleurant, qu'on ne vous a versé d'eau sur la tête en vous baptisant.

4°. Le Pere de famille conduit luy-même les ouvriers qui dés le grand matin vont travailler à la vigne du Seigneur, *qui exiit primo manè conducere operarios in vineam suam* : Il marche à leur tête, & leur sert de guide, il leur promet des récompenses, *conventione factâ cum operariis ex denario diurno.* Ceux qui n'y vont travailler que sur le soir cherchent un conducteur, & n'en trouvent point, *quia nemo nos conduxit* ; on leur dit bien d'aller travailler, *ite & vos in vineam meam* : mais on ne leur promet aucune recompense. La diminution de graces est visible.

5°. Au dîner spirituel de vôtre jeunesse, le Pere de famille envoya plusieurs serviteurs pour vous convier aux nôces de son fils, *misit servos suos* : au souper de vôtre âge, on ne voit qu'un seul domestique qui vous invite : *Misit servum suum hora cœnæ.* Dans vôtre jeunesse plusieurs personnes préposées par l'ordre du Seigneur pour vôtre éducation, des parens, des Pedagogues, des Superieurs, vous ont instruit de vos dévoirs, repris de vos fautes, corrigé de vos défauts :

✳✳✳ B b

dans vôtre vicilleffe, à peine fe trouve-t-il quelqu'un
affez zélé, affez prudent, affez autorifé pour vous
avertir du mauvais état où vous étes, de l'oubli où
vous vivez de Dieu & de vôtre falut, du peril evi-
dent où vous vous trouvez, d'être perdu pour jamais;
vôtre âge & vos mauvaifes difpofitions ferment la
bouche à tout le monde. Auffi voyons-nous dans nôtre Evangile qu'on vous a averti plufieurs fois, &
qu'on vous a envoyé meffagers fur meffagers, *mifit*
fervos fuos: iterùm mifit alios fervos, lors de vôtre jeuneffe pour vous convier au dîner du Seigneur: mais
au fouper on ne vous envoye qu'un feul domeftique,
mifit fervum fuum: Les bonnes penfées, comme des meffagers fideles, venoient autrefois en foule vous folliciter de rentrer en vous-mêmes: à prefent à peine vous
en vient-il une en plufieurs jours: le Seigneur s'eft retiré de vous: une Philofophie toute prophane a pris
en vous la place de la Doctrine chrétienne, & la fer-
vante a chaffé la maîtreffe.

6°. Au dîner le Soleil brille dans les Cieux, & on
n'a pas befoin d'autres clartez, c'eft la plus grande
de toutes celles qui reluifent fur la terre: lors du fouper le Soleil eft couché, il faut avoir recours à d'autres lumieres bien inferieures; qu'eft-ce que cela figni-
fie? finon que le Soleil de juftice, qui vous éclairoit
dans la jeuneffe, s'eft retiré de vous dans vôtre vieilleffe; les grands luminaires de la foy, & de l'Evangile ont difparu pour vous: Afin d'y fuppléer, il faut
avoir recours à des flambeaux nocturnes, dont la fplen-
deur eft infiniment moindre que celle du Soleil. Sem-

blable à Samson, vous dites que vous sçaurez bien
quand vous voudrez rompre vos liens, & dissiper vos
tenebres, ne sçachant pas non plus que luy, que le Seigneur s'est retiré de vous ; *Egrediar, & me excutiam, nes-* Jud. 16. 20.
ciens quòd recessisset ab eo Dominus.

7ª. Saint Augustin déplorant ses déreglemens paf-
fez, disoit ces belles belles paroles, qui font extréme-
ment à nôtre sujet : j'étois encore un si petit enfant,
& j'étois déja un si grand pecheur : *Tantillus puer , &* C. 1. 11.
tantus peccator : Mon enfance étant passée, j'entrai dans
ma jeunesse, & je croissois en âge, mais helas ! c'étoit
à ma confusion ; car plus je devenois homme, plus je
devenois-je vicieux, & plus le vice étoit-il honteux en C. 7. 8.
moy. *In dedecus meum creveram : quantò ætate major , tantò
vanitate turpior.* Et pour montrer combien les bons fen-
timens & les graces diminuënt, quand on en abu-
fe, il ajoûte qu'ayant été malade dans son enfance,
il avoit demandé aussi-tôt le Baptême : *Cùm adhuc puer* ibs.
*essem , vidisti, Deus meus, quo motu animi , & quâ fide bap-
tismum flagitavi ;* & qu'on le luy differa ; mais que plusieurs annécs aprés, il tomba dans une grieve infirmité à Rome : la fievre s'augmentant en moy, dit-
il, j'allois & je perissois : *Et ingravescentibus febribus ,
jam ibam, & peribam ;* car où eusse-je été, ô mon Dieu,
si je fusse mort alors, sinon dans les enfers ? *ibam ad
inferos,* portant avec le peché originel que j'avois con-
tracté, les autres crimes que j'avois commis & fura-
joûtez à celuy-là, & qui me rendoient digne des feux
& des tourmens éternels : *quò enim irem, nunc hinc abirem,
nisi in ignem atque tormenta digna factis meis.* Cependant

dans cette extremité je ne demanday point le Baptême, comme j'avois fait dans mon enfance, *neque defidera-bam in illo tanto periculo Baptifmum tuum* : & j'avois plus de Religion étant enfant , que je n'en avois étant âgé , *& melior eram puer , quando illum flagitavi , & lava-cra medicinæ tuæ demens irridebam.* Quelle diminution ! quelle fouftraction ! quel abandon !

L'Ecriture nous donne deux exemples celebres de ceux qui ayant abandonné Dieu dans la jeuneffe , ont été délaiffez de luy dans leur âge avancé.

Le premier eft de Saül Roy d'Ifraël : Ce Prince dés le matin de fon Regne , fut prévenu des graces du Ciel : Nul homme en tout le peuple de Dieu n'étoit meilleur que luy : *Non erat vir melior illo.* Sa vocation fut divi-ne ; fon onction fut facrée ; en changeant d'état , il fut changé en un autre homme : *mutaberis in virum al-terum :* l'Efprit de Dieu s'empara de luy : *infiliet in te fpi-ritus Domini :* il fut animé de l'efprit des Prophetes : *Saul inter Prophetas :* choifi pour être le Sauveur du peu-ple de Dieu : *falvabit populum meum.* Le Seigneur luy donna un cœur nouveau , *immutavit ei Deus cor aliud :* Il fe cacha par humilité , fuyant la dignité Royale juf-qu'à ce que le Seigneur luy-même découvrit le lieu de fa retraite : *Ecce abfconditus eft domi.* Il confulta Dieu dans fes befoins , qui luy répondit favorablement : il rem-porta des victoires fur les Philiftins , & en un mot fon premier âge , ou fon premier repas fpirituel , fut accompagné d'un nombre tres-grand de benedictions ; mais le foir de fa vie ne fut pas de même ; il abufa des dons de Dieu : il fut infidelle à fes graces , il défobéit

R. 1. 13. 19. 25.

à ses ordres ; il trempa ses mains dans le sang inno-
cent : L'esprit malin le posseda : *Invasit spiritus Dei ma-* c. 37.
lus Saul : Le Seigneur se retira de luy : *Spiritus autem*
Domini recessit à Saul. Ses lumieres s'affoiblirent, les secours diminuerent, le courage & les forces luy man-
querent. *Vidit Saul castra Philistim, & timuit, & ex-*
pavit cor ejus nimis : effrayé du peril, il recourut au Seigneur, & il le consulta , mais le Seigneur ne luy répondit plus : *Consultavitque Dominum, & non respondit ei :*
De là son invocation des demons , son desespoir &
sa mort funeste. Telle est la diminution & la sou-
straction des graces & des secours dont on abondoit
dans sa jeunesse, & qui disparoissent dans la vieillesse, quand on en abuse. Dieu à la verité ne nous aban-
donne pas si nous ne l'abandonnons les premiers ;
mais souvent quand nous l'abandonnons, il nous aban-
donne ; quand nous nous retirons de luy , il se retire
de nous ; quand nous diminuons le culte que nous luy
devons, il diminuë ses misericordes qu'il ne nous
doit pas. Réjoüissons-nous donc de ce que malgré le
mépris que nous avons fait du dîner , qu'il nous avoit
préparé dans nos jeunes ans, il nous invite encore en
dernier lieu à un souper qu'il nous a preparé sur le
déclin de nos jours ; & craignons si nous sommes encore rebelles à sa voix, que nous ne soyons rejettez
pour toûjours de la table du Seigneur : *homo quidam fe-*
cit cœnam magnam, & vocavit multos.

Le second exemple est celuy du saint Roy David :
Qui jamais a plus receu de graces de Dieu au printemps de sa vie ? mais l'éclat de cette premiere inno-

cence ayant été terny, quelle diminution de graces ne
fentit-il pas enfuite? fuyant de devant fon fils rebelle,
il voulut confulter le Seigneur fur ce qu'il avoit à faire; mais le Seigneur qui luy répondoit fur les moindres demandes avant fon peché, ne luy répondoit pas
apres fon peché, quoy que la penitence en eût obte-
nu le pardon, ainfi qu'obferve faint Jerôme.

Au refte fi l'on confidere avec attention le rebut
que les conviez font également & du dîner & du fouper Evangelique, nous y découvrirons aifément le caractere du peché des jeunes gens & du peché des vieillards. Cependant entre les jeunes gens, ou entre les
conviez au dîner, il y en a de diverfes fortes : les uns
refufent de venir au banquet nuptial de ce grand Roy,
qui fait des nôces à fon fils, & qui les y envoye convier par fes ferviteurs : *Mifit fervos fuos vocare invitatos ad nuptias, & nolebant venire.* Obftinez comme les
Juifs, que le Seigneur vouloit affembler fous fes aîles,
voluit congregare fub alas : ils ne le veulent pas, *& no-
luifti* : Rebelles comme cet enfant à qui le Pere de famille dit, mon fils allez aujourd'uy travailler à ma
vigne, *fili, vade hodie, operare in vinea mea* : Ils ré-
pondent, nous ne voulons pas y aller : *Ille autem ref-
pondens, ait, nolo.* Charmez des appas trompeurs
du peché qu'ils commencent à goûter, des délices de
la vie qui leur font nouvelles, des pompes du monde
qui leur rit, ils difent au Seigneur avec ces anciens
libertins; nous ne voulons pas fuivre le chemin de
vos commandemens, *& in lege ejus noluerunt ambulare.*
Ce chemin qui fe fait, non par le mouvement des

pieds, mais par les sentimens du cœur, ainsi que parle saint Augustin : *non pede, sed fide.*

D'autres negligent de venir : le Seigneur leur envoye de nouveaux Officiers leur dire, voicy que mon dîné est préparé, les veaux gras, & les oiseaux les plus exquis vous attendent, tout est prêt, venez aux nôces ; *iterum misit alios servos, ecce prandium meum paravi, tauri mei, & altilia occisa sunt, & omnia parata, venite ad nuptias.* Tout cela ne les touche point, ils ne font pas semblant de l'entendre : *Illi autem neglexerunt :* Ils remettent à un autre temps l'ouvrage de leur conversion, ils s'en mettent peu en peine : ils s'endorment sur l'affaire du monde qui demande le plus de vigilance, & qui leur est la plus importante, se persuadant qu'ils auront bien toûjours le temps, le lieu, le loisir, les personnes, les moyens, les facilitez, & les graces abondantes qu'ils ont alors ; sans prévoir que l'occasion ne se présentera peut-être plus s'ils la laissent échaper, qu'il faut chercher le Seigneur, tandis qu'on le peut trouver, *quærite Dominum dum inveniri potest.* Que celuy qui craint Dieu ne neglige rien : *qui timet* *Eccl.* 7. 19. *Deum nihil negligit,* & sur tout qu'on doit bien prendre garde à ne pas négliger la grace, dit l'Apôtre saint Paul : *noli negligere gratiam quæ data est tibi.* 1. *Tim.* 4. 14.

D'autres, ou peut-être les mêmes, fatiguez & ennuyez de tant d'exhortations, & d'invitations reiterées, s'en vont, *& abierunt,* l'un à sa Maison de campagne se divertir ; l'autre à son trafic, pour se procurer un établissement temporel, quelque employ honorable & lucratif ; ou pour gouverner & multiplier ses

biens , par son commerce , par ses soins , son indu-
strie , ses travaux ; & quant à son salut, il y songera
une autre fois , *& abierunt alius in villam suam, alius ve-*
rò ad negotiationem suam. Quelle indolence ! ou plûtôt
quelle folie ! dit saint Chrysostome : ne vouloir pas
aller à un festin , & à un festin de nôces , & à des nôces qu'un Roy fait à son fils , & au festin des nôces
d'un Roy , auquel il vous a fait l'honneur de vous convier ! *Quid igitur dementius invenitur , quàm cùm in nuptias*
vocaris , refilire? quis enim in nuptias venire non optaret , &
eas Regis, quas amantiſſimo filio facit? Car enfin à quoy
étes-vous invité , pour le dédaigner ainsi , continuë
ce même Pere ? est-ce à des travaux , à des afflictions,
à des souffrances ? non , c'est à des noces, à des plai-
sirs, à des délices, & vous refusez d'y venir ! *Ad quid*
porro invitat , num ad labores & dolores atque sudores? nequa-
quam, sed ad delicias. Tauri mei & altilia occisa sunt : vide
quantum convivium , quàm magnifica dapes. Mais voici le
comble de l'aveuglement ; vous étes ce fils du Roy
pour lequel le festin nuptial s'apprête ; les nôces où
l'on vous convie , & ausquelles vous refusez d'aller,
sont les vôtres propres , c'est pour vous que la fête se
fait , & vous n'y venez pas ; vous preferez de nôces
clandestines à celles-là ; vous dites que vous étes marié , *uxorem duxi* : quoy que tout autre mariage de vôtre ame, s'il n'est avec Dieu , soit un adultere.

D'autres enfin indignez de tant de remontrances
ajoutent la violence au mépris : ils se saisissent des Officiers du Prince , qui viennent les inviter, ils les ou-
tragent , & les font mourir. *Reliqui verò tenuerunt servos*
ejus ,

ejus, & contumeliis affectos occiderunt. Ils décrient leur
personne & leur conduite, ils en font des dérisions &
des mocqueries, ils les tournent en ridicules, ils les
accusent d'être des hypocrites, & de perdre le respect,
ils leur ferment la bouche, comme les Pharisiens fi-
rent à Jesus-Christ, luy tendant des pieges & cher-
chant matiere à l'accuser : *Cœperunt Pharisæi graviter* *Luc. 11. 53.*
insistere, & os ejus opprimere de multis : insidiantes ei, &
quærentes aliquid capere de ore ejus, ut accusarent eum. Que
s'ils ne tuënt pas corporellement & d'une mort naturelle ceux qui les reprennent, ainsi que fit Herodes, &
tant d'autres, ils les font mourir spirituellement, leur
ôtant l'usage de la parole, & les obligeant de se retirer dans leurs solitudes, comme dans des tombeaux
hors le commerce du monde : *& contumeliis affectos*
occiderunt. Voilà le traittement que font les jeunes gens
à ceux qui viennent les convier au dîner du Roy de
gloire.

Les vieillards, ou ceux qui sont invitez au souper,
en usent d'une maniere à la verité differente, suivant
leur different temperament, mais également impie ;
car, au lieu de dire positivement, qu'ils ne veulent
pas aller au festin, ou de faire les sourds, ou de s'en
aller, ou de s'emporter à des violences, comme les
premiers, ils ont recours à des excuses pretextées : *ho-*
mo quidam fecit cœnam magnam, & vocavit multos, & mi-
sit servum suum horâ cœnæ dicere invitatis ut venirent quia
jam parata sunt omnia, & cœperunt simul omnes excusare.
Le premier dit, j'ay acheté une Maison de campagne,
& je suis obligé de partir pour l'aller voir ; je vous prie

* * *

de me tenir pour excufé : *Villam emi , & neceffe habeo exire , & videre illam, rogo te, habe me excufatum.* Le fecond dit, j'ay acheté cinq couples de bœufs, & je m'en vas les exercer, je vous prie de m'excufer : *Et alter dixit , juga boum emi quinque , & eo probare illa.* Le dernier dit , j'ay époufé une femme , & par confequent je n'y puis aller : *uxorem duxi , & ideo non poffum venire.* Quelles frivoles excufes ? eft-ce quel'on part le foir à l'heure du fouper , pour aller vifiter au flambeau une maifon des champs ? Eft - ce qu'on laboure la terre pendant la nuit ? ne pouvoient - ils pas venir premierement fouper, & aller le lendemain matin vaquer à leurs affaires ? d'ailleurs leur negligence, auffi bien que le mépris qu'ils faifoient & de celuy qui les avoit conviez, & de fon feftin , étoit extréme : car ils avoient été appellez à ce fouper apparemment dés le matin, ou peut-être même dés la veille, *homo quidam fecit cœnam magnam , & vocavit multos.* S'ils n'avoient pas dédaigné cet honneur, ne fe feroient-ils pas rendus de bonne heure à la maifon de celuy qui les avoit invitez ? auroient-ils attendu qu'on fût venu pour la feconde fois les folliciter & les preffer de venir ? *& mifit fervum fuum horâ cœnæ dicere invitatis ut venirent, quia jam parata funt omnia.* N'étoit-ce pas faire affront à celuy qui les avoit conviez , que de luy laiffer fon grand feftin fur les bras, fans fe mettre en peine de ce qu'il en pourroit faire ? enfin fi c'étoit des gens âgez , devoient-ils fonger à fe remarier, & à préferer fur la fin de leur vie les embarras d'un mariage de la terre , aux nôces fpirituelles de leur ame

avec l'Epoux celefte, *fponfabo te mihi in fide*, & de s'y
engager avec tant de paffion, qu'ils confeffent être
dans l'impuiffance de fonger à autre chofe, c'eft à dire à leur falut, *& ideò non poffum venire?* Cependant tel
eft l'efprit des Sages du fiecle, point d'indignation,
de colere, ny d'emportement contre ceux qui les ex-
hortent à la vertu : mais ils s'excufent de pratiquer les
devoirs les plus importans de la religion, difant qu'ils
n'ont pas le temps de vaquer à la Priere, à la lecture
des Livres faints, à la frequentation des Sacremens,
aux œuvres de charité; qu'ils font obligez de prendre
foin de leur famille, & de pourvoir à l'établiffement
de leurs enfans; comme s'il ne faloit pas préferer le
falut à tout le refte; comme fi les occupations de la vie
étoient incompatibles avec la juftice & la pieté; comme fi l'affaire du falut n'étoit pas l'affaire unique, la
premiere & la plus importante, qui doit marcher devant toutes les autres; comme fi elle leur étoit étrangere,
& que ce fouper ne fût pas préparé pour eux, & ne
devoit pas uniquement tourner à leur profit & à leur
grand avantage, & qu'ils n'y fuffent pas les feuls in-
tereffez; comme fi la perte de leur ame & de leur éternité n'étoit rien en comparaifon des divertiffemens frivoles, & des biens paffagers. Tant de puiffans motifs ne
peuvent pas les obliger à venir profiter des dernieres
graces que le Seigneur leur offre par la bouche de fon
ferviteur : *Mifit fervum fuum horâ cœnæ ut venirent* : Les
biens, les honneurs, & les plaifirs couverts fous le
voile de leurs trois differentes excufes, les entraînent :
une fauffe Philofophie, des refpects humains, de vieil-

C c ij

les habitudes, des doutes fur les veritez les plus effen-
tielles de la Religion les aveuglent, & plufieurs d'eux
meurent miferablement dans leur peché. *Dico autem*
vobis quòd nemo virorum illorum qui vocati funt , guftabit
cœnam meam.

Ne dites donc plus que vous avez acheté des terres,
& que vous voulez aller les voir & contenter vôtre
vanité, car perfonne ne veut être riche, que pour s'é-
lever au deffus des autres : *Nemo enim vult effe dives ,*
nifi ut infletur inter eos inter quos vivit, & fuperior illis videa-
tur , dit faint Auguftin : c'eft le premier obftacle ,
c'eft le premier peché , qui porta l'homme à vouloir
dominer , & à n'être pas dominé : *Vitium primum fu-*
perbia , primus homo dominari voluit, qui Dominum habere
noluit. Ne dites plus que vous avez acheté cinq couples de bœufs , & que vous voulez les aller éprouver,
c'eft à dire que vous voulez experimenter par curiofité les plaifirs des cinq fens ; *eo probare ea :* parole re-
marquable, ajoûte le même Pere : *Non enim ait eo paf-*
cere illa , fed probare. Ne dites plus que vous étes en-
gagé dans les embarras du mariage par neceffité , &
par confequent tout abforbé dans cette vie molle ;
qu'ainfi vous ne pouvez abfolument venir au fouper,
fans alleguer d'excufes comme les deux précedens, *ro-*
go te habe me excufatum , & que vous dites refolument
pour ne point venir , j'ay pris une femme, *uxorem du-*
xi , ideò non poffum venire. Otez tous ces vains pretextes
dont fe couvre vôtre fenfualité, vôtre curiofité, vôtre
vanité : car c'eft à quoy ces trois excufes fe rapportent,
fuivant ce que nous apprend l'Apôtre faint Jean, que

In Pf. 48.

Ibi.

Hom. 28.
de Verb.
Dom.

tout ce qui eft dans le monde n'eft que concupifcence de la chair, concupifcence des yeux, fuperbe de la
vie : *Omne quod eft in mundo concupifcentia carnis eft , & I. 2. 16.
concupifcentia oculorum, & fuperbia vitæ.* Oftez encore une
fois ces vains pretextes, & ces frivoles excufes, s'écrie
faint Auguftin , *tollamus de medio excufationes vanas &* Hom. 25.
fuprà.
malas. Allez fans délai à ce fouper auquel vous étes
convié , *veniamus ad cœnam, non nos impediat extollentia fu-
perbiæ , non nos terreat curiofitas illicita, non nos impediat vo-
luptas carnis à voluptate cordis.*

Iniffons par les falutaires avis du plus fage des
Roys : Souvenez-vous , dit-il , de vôtre Créateur, ô
homme mortel , *memento creatoris tui :* Souvenez-vous Eccl. 12. 1.
de ce qu'il eft ; de ce que vous étes ; de ce que vous luy
devez ; de ce qu'il vous promet ; de ce dont il vous
menace : mais afin que ce fouvenir vous foit avanta-
geux, fouvenez-vous-en dans vôtre jeuneffe la plus
floriffante : *memento creatoris tui in diebus juventutis tuæ :*
employez les plus beaux jours de vôtre vie au fervice
de celuy qui vous a donné l'ufage des jours : à être à
celuy qui vous a fait ce que vous étes , & n'attendez
pas pour le fervir, les jours de trifteffe & d'ennuy,
que la vieilleffe traine aprés elle ; jours qui vous étant
défagréables à vous-même, ne pourront vous donner
lieu d'offrir que des facrifices peu agréables au Sei-
neur : *Antequam veniat tempus afflictionis , & appropin-
quent anni de quibus dicas, non mihi placent.* Prévenez le
temps auquel la lumiere de vôtre efprit commencera
de s'obfcurcir, vôtre raifon de baiffer, vos fens de s'af-

foiblir , vos connoiſſances de tomber : *Antequam tene-
breſcat ſol , & lumen , & luna , & ſtellæ* : Avant que le
Soleil , & les aſtres du Firmament ſe couchent pour
vous , & qu'une nuit anticipée vous en dérobe la clarté : n'attendez pas pour pratiquer la vertu les derniers
temps d'infirmité d'un âge décrepit , lorſque les humi-
ditez ſuperfluës de vôtre cerveau , ſemblables à des
nuées orageuſes , diſtilleront comme une pluye froi-
de ſur vôtre poitrine , qui ne les aura pas plûtôt rejet-
tées , qu'il en ſurviendra d'autres qu'il faudra de nouveau rejetter , *& revertantur nubes poſt pluviam.* Lorſque le
tremblement de vos mains & de vos bras feront pa-
roître l'épuiſement de vos forces , & que peu affermi
ſur vos pieds , vos demarches chancelantes vous mé-
naceront ſans ceſſe d'une chute prochaine : *Quando com-
movebuntur cuſtodes domus , & nutabunt viri fortiſſimi* : Dans
cette décadence univerſelle de vôtre temperament , vôtre eſtomac uſé ne pouvant plus digerer les viandes ,
ne fera preſque aucun uſage de vos dents déja
tombées , ou ébranlées & reduites en petit nombre :
& otioſæ erunt molentes in minuto numero. Vos yeux enfon-
cez & ſombres ne diſtingueront qu'à peine les objets
les plus viſibles. *Et tenebreſcent videntes per foramina.* Vôtre porte autrefois ouverte aux nouvelles & aux viſi-
tes , ſera fermée , & vous ſerez reduit à chercher au-
prés d'un triſte feu dequoy réchaufer vôtre corps gla-
cé par l'âge , *& claudent oſtia in platea* : Vôtre voix caſ-
ſée & foible , ne ſe fera preſque plus entendre: *In hu-
militate vocis molentis.* Le ſommeil fermera ſi legerement
vôtre paupiere , & ſe retirera ſi matin de vos yeux ,

qu'au premier chant de l'oiseau qui annonce le jour ,
vous vous trouverez éveillé , sans pouvoir une feconde fois goûter les charmes d'un doux repos : *& con-
furgent ad vocem volucris.* La fymphonie , & les belles
voix , qui ne font pas une petite partie des délices de
cette vie , ne feront plus de faifon pour vous , & vôtre
oüie diminuée par la furdité, ne prendra plus plaifir
aux entretiens des compagnies agréables , *& obfurdef-
cent omnes filiæ carminis.* Loin de chercher les promena-
des de la campagne , la moindre inégalité du terrain
fera capable de vous faire trebucher. *Excelfa quoque ti-
mebunt & formidabunt in via.* Vos cheveux devenus
blancs, & vôtre tête femblable à l'amandier fleuri , ap-
prendront à tout le monde que vous étes fur vôtre déclin : *florebit amygdalus.* Vos genoux groffis & chargez
d'humeurs, ne pourront plus fe plier, ny fournir à la
courfe, ny à aucun exercice d'agilité : *impinguabitur locu-
fta.* Le gouft fi avide des viandes délicates , & des mets
qui irritent l'apetit , fera abrevé d'une bile amere qui
fe répandra fur la langue , & vôtre bouche ne pourra
plus s'accommoder que des alimens qui peuvent entretenir la vie; mais qui ne fçauroient donner du plaifir , *diffipabitur capparis.* Vôtre taille jufques-là haute &
droite , deviendra baffe & courbée, & cette humeur
vigoureufe laquelle en faifoit la liaifon , & le foutien,
venant à fe diffoudre , rendra vôtre corps panché vers
la terre , *antequam rumpatur funiculus argenteus.* Vôtre front
riant & uni , deviendra trifte & difforme par les rides ,
qui le défigureront: *& recurrat vitta aurea :* & tous les
conduits de vôtre corps ne feront plus que des égoûts

continuels d'ordures : *& conteratur hydria super fontem, & confringatur rota super cisternam* ; & c'est alors que l'homme ira dans la maison de son éternité, & qu'un triste deüil illustrera ses funerailles dans les places publiques : *Quoniam ibit homo in domum æternitatis suæ, & circuibunt in platea plangentes.* Prévenez, si vous étes sage, ô homme mortel, ces derniers temps, ne remettez pas à vous tourner alors vers vôtre Créateur, prévenez ces tristes momens où la poussiere retournera en poussiere, & où l'esprit s'en ira vers celuy qui l'avoit formé: *Et revertatur pulvis in terram suam & spiritus redeat ad Deum qui dedit illum.* Préferez le temps à l'éternité, & apprenez du moins par l'experience que vous donne vôtre âge à vous détromper de la vanité des créatures, & à ne vous attacher qu'au Créateur : *Vanitas vanitatum, dixit Ecclesiastes, & omnia vanitas, præter amare Deum, & illi soli servire.*

F I N.

Le Libraire avertit, qu'il vient d'achever la sixiéme édition du Catechisme, de l'Auteur de ces Homelies, en quatre Volumes in douze, reveu & augmenté pour n'y plus retoucher. On y trouvera les Mysteres & les Fêtes de toute l'année, traitées au long, que l'on n'imprimera point separément en Homelies, comme ceux-cy.

www.ingramcontent.com/pod-product-compliance
Ingram Content Group UK Ltd.
Pitfield, Milton Keynes, MK11 3LW, UK
UKHW031800170726
13836UKWH00003B/1084